Stefanie Schäfer

Kaufmann/Kauffrau für Spedition und Logistikdienstleistung

Luftverkehr

Modulheft Abschlussprüfung
Übungsaufgaben und erläuterte Lösungen

Bestell-Nr. 40222

u-form Verlag · Hermann Ullrich GmbH & Co. KG

Deine Meinung ist uns wichtig!

Du hast Fragen, Anregungen oder Kritik zu diesem Produkt?

Das u-form Team steht dir gerne Rede und Antwort.

Einfach eine kurze E-Mail an

feedback@u-form.de

Zusatzinfos für diese Auflage des Modulheftes findest du übrigens unter folgendem Link:

www.u-form.de/addons/40222-2025.zip

BITTE BEACHTEN:

Die **Lösungen** findest du im hinteren Teil dieses Modulheftes.

2. Auflage 2025 · ISBN 978-3-95532-407-0

© u-form Verlag | Hermann Ullrich GmbH & Co. KG
Cronenberger Straße 58 | 42651 Solingen
Telefon: 0212 22207-0 | Telefax: 0212 22207-63
Internet: www.u-form.de | E-Mail: uform@u-form.de

Inhaltsverzeichnis

Bereich **Seite**

Aufgabenteil

1. Aufgabe – Organisationen im internationalen Luftverkehr 5
2. Aufgabe – Traffic-Conferences 5
3. Aufgabe – Luftfrachtbrief erstellen .... 6 – 7
4. Aufgabe – Abrechnung und Wertdeklaration 8
5. Aufgabe – Vetragsarten und Inhalt des Luftfrachtbriefes .... 8 – 9
6. Aufgabe – IATA-Agentur/IATA-Carrier 10
7. Aufgabe – TACT und andere Luftfrachtraten 11
8. Aufgabe – Luftfracht-Sammelladung .... 12 – 13
9. Aufgabe – Abkürzungen und Fachbegriffe im Luftfrachtverkehr 14

Bereich **Seite**

Lösungsteil

1. Aufgabe – Organisationen im internationalen Luftverkehr .... 17 – 18
2. Aufgabe – Traffic-Conferences 19
3. Aufgabe – Luftfrachtbrief erstellen .... 19 – 20
4. Aufgabe – Abrechnung und Wertdeklaration 21
5. Aufgabe – Vetragsarten und Inhalt des Luftfrachtbriefes 22
6. Aufgabe – IATA-Agentur/IATA-Carrier 22
7. Aufgabe – TACT und andere Luftfrachtraten .... 23 – 24
8. Aufgabe – Luftfracht-Sammelladung .... 25 – 26
9. Aufgabe – Abkürzungen und Fachbegriffe im Luftfrachtverkehr .... 27 – 28

Hinweis

Achtung!

Sollte es für diese Auflage Aktualisierungen oder Änderungen geben, kannst du diese herunterladen unter:

www.u-form.de/addons/40222-2025.zip

Hier haben wir auch Infos zur Abschlussprüfung für dich zusammengestellt.

1. Aufgabe – Organisationen im internationalen Luftverkehr

Während die eine Organisation die kommerziellen sowie abwicklungs- und verladetechnischen Interessen ihrer Mitgliedsunternehmen wahrnimmt, sieht sich die andere Organisation den politischen sowie sicherheits- und verkehrstechnischen Interessen ihrer Mitgliedsstaaten verpflichtet.

a) Von welchen beiden Organisationen ist hier die Rede?

b) Der im vorstehenden Text erstgenannten Organisation ist es zuzuschreiben, dass die Welt in drei Konferenzgebiete aufgeteilt wurde.

Erläutern Sie kurz, welchem Zweck diese Aufteilung dient.

c) Die im Text zweitgenannte Organisation ist verantwortlich für die Verkehrsrechte der Luftverkehr betreibenden Staaten (den sog. „Neun Freiheiten der Luft").

Beschreiben Sie kurz den Inhalt dieser Verkehrsrechte.

2. Aufgabe – Traffic-Conferences

Ordnen Sie durch Ankreuzen folgende Flughafenstädte den IATA-Konferenzgebieten zu, wobei die Untergebiete der TC2 zu berücksichtigen sind. Nennen Sie auch die Staaten, in denen diese Städte liegen:

Konferenzgebiete		TC1	TC2			TC3
Flughafenstädte	Zugehörige Staaten		IATA-EUROPE	IATA-MIDDLE EAST	IATA-AFRICA	
Kairo		◯	◯	◯	◯	◯
Teheran		◯	◯	◯	◯	◯
Jakarta		◯	◯	◯	◯	◯
Tokio		◯	◯	◯	◯	◯
Dakar		◯	◯	◯	◯	◯
Auckland		◯	◯	◯	◯	◯
Anchorage		◯	◯	◯	◯	◯
Ankara		◯	◯	◯	◯	◯
Kiew		◯	◯	◯	◯	◯
Melbourne		◯	◯	◯	◯	◯

3. Aufgabe – Luftfrachtbrief erstellen

Situation:

Die Metallbau GmbH, Griesheimer Ufer 707, 65933 Frankfurt, versendet über ihren Hausspediteur E. RÖMER GmbH & Co. KG, Ersatzteile für Hubschrauber an die HELIX Inc., 77 Sunset Street, in Los Angeles, California, USA.

Die RÖMER GmbH & Co. KG, Homolkaweg 39, 65929 Frankfurt, ist als IATA-Agent zugelassen (IATA-Code 23-6 7833). Der Issuing Carrier ist die Deutsche Lufthansa AG. Die Fracht und Nebenkosten werden im Voraus gezahlt. Die Sendung besteht aus 5 Kolli im Gesamtgewicht von 290 kg. Jedes Kollo misst 75 x 75 x 60 cm.

Tarifauszug:

Frankfurt/Main		**DE**	**FRA**
Euro		**EUR**	**KGS**
Los Angeles	**US**	M	88,56
		N	5,85
		45	4,96
		100	3,85
		300	3,15
		500	2,82
	4107	300	2,55
	4107	500	2,03
	4119	100	2,44
	4119	500	1,90

GENERAL LIST OF DESCRIPTIONS

4107 HELICOPTER SPARES

4119 AIRCRAFT PARTS

Weitere Angaben sind nicht bekannt.

Bereiten Sie zu dieser Sendung den Luftfrachtbrief vor. Benutzen Sie den Vordruck auf der nächsten Seite.

Anlage zur 3. Aufgabe

Shipper's Name and Address | Shipper's account Number

Not negotiable

Air Waybill

Issued by **LUFTHANSA**

Deutsche Lufthansa AG

Member of International Air Transport Association

Consignee's Name and Address | Consignee's account Number

Copies 1, 2 and 3 of this Air Waybill are originals and have the same validity

It is agreed that the goods described herein are accepted in apparent good order and condition (except as noted) for carriage SUBJECT TO THE CONDITIONS OF CONTRACT ON THE REVERSE HEREOF. ALL GOODS MAY BE CARRIED BY ANY OTHER MEANS INCLUDING ROAD OR ANY OTHER CARRIER UNLESS SPECIFIC CONTRARY INSTRUCTIONS ARE GIVEN HEREON BY THE SHIPPER. AND SHIPPER AGREES THAT THE SHIPMENT MAY BE CARRIED VIA INTERMEDIATE STOPPING PLACES WHICH THE CARRIER DEEMS APPROPRIATE. THE SHIPPER'S ATTENTION IS DRAWN TO THE NOTICE CONCERNING CARRIER'S LIMITATION OF LIABILITY. Shipper may increase such limitation of liability by declaring a higher value for carriage and paying a supplement charge if required.

Issuing Carrier's Agent Name and City

Accounting Information

Agent's IATA Code | Account No.

Airport of Departure (Address of first Carrier) and requested Routing
Issuing Carrier's Agent Name and City

to	By first Carrier/ Routing and Destination	to	by	to	by	Currency	CHGS Code	WT/VAL PPD	WT/VAL Coll.	Other PPD	Other COLL	Declared Value for Carriage	Declared Value for Customs

Airport of Destination | Requested Flight/Date | Amount of Insurance | Insurance - If Carrier offers insurance and such insurance is requested in accordance with conditions on reverse hereof, indicate amount to be insured in figures in box marked amount for insurance

Handling Information

No. of Pieces RCP	Gross Weight	kg lb.	Rate Class / Commodity Item No.	Chargeable Weight	Rate Charge	Total	Nature and Quantity of Goods (incl. Dimensions or Volume)

Prepaid	Weight Charge	Collect	Other Charges
	Valuation Charge		Insurance premium
	Tax		
	Total other Charges Due Agent		Shipper certifies that the particulars on the face hereof are correct and that insofar as any part of the consignment contains dangerous goods, such part is properly described by name and is in proper condition for carriage by air according to the applicable Dangerous Goods Regulations.
	Total other Charges Due Carrier		
Total prepaid		Total collect	Signature of Shipper or his Agent
Currency Conversion Rates		cc charges in Dest. Currency	Executed on (Date) at (Place) Signature of Issuing Carrier or its Agent
For Carriers Use only at Destination		Charges at Destination	Total collect Charges

4. Aufgabe – Abrechnung und Wertdeklaration

Der auf der nächsten Seite abgebildete Luftfrachtbrief gilt auch für die **5. Aufgabe**

Situation:

Als Mitarbeiter/-in der FITTINGHOFF Speditionsgesellschaft mbH, Düsseldorf, liegt Ihnen der auf der nächsten Seite abgebildete Luftfrachtbrief vor. Ihr neuer Kunde, die Josef Hengsbach KG, Köln, möchte dazu wissen:

a) Warum wurden 300 kg abgerechnet, obwohl die Sendung nur 190 kg wiegt?
Erläutern Sie ausführlich die Vorgehensweise bei der Berechnung.

b) Von welchem Betrag wurde die Valuation Charge (0,75 %) berechnet?
Erläutern Sie den Hintergrund dieser Berechnung.

Hinweis: 1 SZR = 1,20 €

5. Aufgabe – Vertragsarten und Inhalt des Luftfrachtbriefes

In Ihrer Abteilung sind Sie auch zuständig für die Betreuung mehrerer Auszubildender. Hierunter fällt auch die Vermittlung von Kenntnissen über den Inhalt und Aufbau des Luftfrachtbriefes. In diesem Zusammenhang stellen Ihnen Ihre Auszubildenden folgende Fragen:

a) Welche vertraglichen Beziehungen bestehen zwischen den im Luftfrachtbrief genannten Beteiligten und welche Rolle haben die Vertragsbeteiligten dabei inne?

b) Was bedeutet die Abkürzung „NYC“?

c) Was bedeutet die Eintragung „NIL“ im Feld „Amount of Insurance“?

d) Was verbirgt sich hinter den Eintragungen im Feld „Handling Information“?

e) Was bedeutet der Buchstabe (A) hinter den Positionen der „Other Charges“ und was bedeuten die beiden „fees“, die dort eingetragen sind?

Anlage zur 4. und 5. Aufgabe

Shipper's Name and Address	Shipper's account Number	Not negotiable
Josef Hengsbach KG Rheinuferstr. 844 50999 Köln		**Air Waybill** Issued by **LUFTHANSA** Deutsche Lufthansa AG D-50679 Köln Von-Gablenz-Str. 2 Member of International Air Transport Association

Consignee's Name and Address	Consignee's account Number	Copies 1, 2 and 3 of this Air Waybill are originals and have the same validity
JASON Industries 43, Park-Street New York 40422 NY, U. S. Att. Mr. Paul Curbain		It is agreed that the goods described herein are accepted in apparent good order and condition (except as noted) for carriage SUBJECT TO THE CONDITIONS OF CONTRACT ON THE REVERSE HEREOF. ALL GOODS MAY BE CARRIED BY ANY OTHER MEANS INCLUDING ROAD OR ANY OTHER CARRIER UNLESS SPECIFIC CONTRARY INSTRUCTIONS ARE GIVEN HEREON BY THE SHIPPER. AND SHIPPER AGREES THAT THE SHIPMENT MAY BE CARRIED VIA INTERMEDIATE STOPPING PLACES WHICH THE CARRIER DEEMS APPROPRIATE. THE SHIPPER'S ATTENTION IS DRAWN TO THE NOTICE CONCERNING CARRIER'S LIMITATION OF LIABILITY. Shipper may increase such limitation of liability by declaring a higher value for carriage and paying a supplement charge if required.

Issuing Carrier's Agent Name and City		Accounting Information
FITTINGHOFF Speditionsges. mbH Richard-Wagner-Str. 556 40233 Düsseldorf		
Agent's IATA Code 23-4 7656 / 6004	Account No.	
Airport of Departure (Address of first Carrier) and requested Routing Issuing Carrier's Agent Name and City DUS		

to	By first Carrier/ Routing and Destination	to	by	to	by	Currency	CHGS Code	WT/VAL PPD	WT/VAL Coll.	Other PPD	Other COLL	Declared Value for Carriage	Declared Value for Customs
NYC	LH					EUR		x		x		29.500	29.500

Airport of Destination	Requested Flight/Date	Amount of Insurance	Insurance - If Carrier offers insurance and such insurance is requested in accordance with conditions on reverse hereof, indicate amount to be insured in figures in box marked amount for insurance
New York	LH 334/5.	NIL	

Handling Information

Mark: No. 1 – 10

Attached: 1 commercial invoice 3-fold, 1 AE

No. of Pieces RCP	Gross Weight	kg lb.	Rate Class	Commodity Item No.	Chargeable Weight	Rate Charge	Total	Nature and Quantity of Goods (incl. Dimensions or Volume)
10	190	K	Q		300	4,78	1.434,00	SPARE PARTS FOR MACHINES DIMS: 10/72 x 60 x 40 cm VOL. WGHT.: 288 kgs 1,728 cbm
10	190						1.434,00	

Prepaid	Weight Charge	Collect	Other Charges
1.434,00			AWB-fee 10,00 EUR (A) Handling-fee 15,20 EUR (A)
176,79	Valuation Charge		Insurance premium
	Tax		
25,20	Total other Charges Due Agent		Shipper certifies that the particulars on the face hereof are correct and that insofar as any part of the consignment contains dangerous goods, such part is properly described by name and is in proper condition for carriage by air according to the applicable Dangerous Goods Regulations.
	Total other Charges Due Carrier		C. Grothe Signature of Shipper or his Agent
Total prepaid 1.635,99	Total collect		C. Grothe
Currency Conversion Rates	cc charges in Dest. Currency		20..-03-05 Düsseldorf FITTINGHOFF Speditionsges. mbH Executed on (Date) at (Place) Signature of Issuing Carrier or its Agent
For Carriers Use only at Destination	Charges at Destination		Total collect Charges

6. Aufgabe – IATA-Agentur/IATA-Carrier

Die SPEDAIX GmbH ist seit Jahren erfolgreich als IATA-Agentur tätig. Im Rahmen des Versandes ist sie verpflichtet, die Sendungen beim IATA-Carrier so anzuliefern, dass keine weiteren Bearbeitungen durch die Luftverkehrsgesellschaft mehr notwendig sind.

a) Wie bezeichnet man den Status dieser versandfertigen Bereitschaft?

b) Nennen Sie **5** Arbeitsschritte, die erforderlich sind, die Sendung als versandfertig anzusehen.

Quelle: Oliver Rösler/Lufthansa Cargo

7. Aufgabe – TACT und andere Luftfrachtraten

Teil I Luftfrachtraten

Wie müssen folgende Luftfrachtraten bei der Luftfrachtberechnung angewandt werden?

a) General Cargo Rates
Gehen Sie bei der Erklärung auch auf die Unterteilung (M), (N) und (Q-Raten) ein.

b) Class Rates

c) Specific Commodity Rates

d) ULD-Tarife
Gehen Sie bei der Erklärung auch auf die Bedeutung des Pivot Weight ein.

Teil II TACT

Aus dem TACT liegen folgende Angaben vor:

FRANKFURT Euro	DE EUR		FRA KGS
ADELAIDE	AU	M	93,56
		N	16,56
		45	12,99
		100	8,49
		300	7,11
		500	6,25
/C			5,02
2Q /B		3000	16.543,00

Als zuständige/-r Mitarbeiter/-in in der IATA-Agentur sollen Sie für nach Adelaide zu befördernde Sendungen die Tarifierungen vornehmen.

a) Begründen Sie Ihre Berechnungen bei folgenden Sendungen:

aa) ein Paket im Gewicht von 3,2 kg

ab) eine Kiste im Gewicht von 445 kg

ac) Ab welcher Gewichtshöhe führt im Fall b) die Nutzung des nächsthöheren „Break-Points“ zu einer günstigeren Fracht?

ad) Sammelgut im Gewicht von 3 990 kg in ULD 2Q Container

b) Die reine Flugzeit von Frankfurt a. M. nach Adelaide beträgt 18,5 Std. Bestimmen Sie die Ankunftszeit der Maschine (Ortszeit Adelaide), wenn folgende Flugdaten zu berücksichtigen sind:

- Abflug FRA: Tag A um 21:50 Uhr
- UTC Frankfurt a. M. +1
- UTC Adelaide +10
- Zwischenstopp in BKK (Bangkok): Dauer 4 Std.

8. Aufgabe – Luftfracht-Sammelladung

Teil I

Situation:

Die IATA-Agentur SPEDAIX GmbH soll für einen ihrer Kunden hochwertige Badarmaturen von Berlin nach Vancouver (CAN) per Luftfracht versenden.

Sendungsdaten:

Gewicht: 88 kg

Maße: 85 x 85 x 55 cm

Wert: 17.650,00 €

Die SPEDAIX GmbH verlädt die Armaturen mittels ULD-Container 2 R (Boeing-747-Großraumcontainer, 10 Fuß) mit der Lufthansa AG nach Vancouver.

Im TACT sind folgende Raten aufgeführt:

ULD Typ 2 R	Pivot Weight:	2 685	Pivot Rate	1,55 local curr.
			Over Pivot Rate	1,02 local curr.

Insgesamt werden 3 110 kg Sammelgut für diesen Container abgefertigt und befördert.

a) Die IATA-Agentur betätigt sich als Consolidator und stellt für ihren Kunden einen sog. „House AWB“ aus.

Erläutern Sie die Rechtsstellung und das Aufgabengebiet des Consolidators. Gehen Sie dabei auch auf weitere Dokumente wie den „Master AWB“ und das „Cargo Manifest“ ein.

b) Führen Sie die Frachtberechnung für die Sammelladung durch.

c) In Vancouver wird bei der Entladung des Containers festgestellt, dass die Sendung mit den Badarmaturen verloren gegangen ist. Im AWB wurde weder eine Wertdeklaration noch ein Versicherungsbetrag angegeben.

Begründen Sie, in welcher Höhe die IATA-Agentur Schadenersatz zu leisten hat.

1 SZR = 1,20 €

8. Aufgabe – Luftfracht-Sammelladung

Teil II

Situation:

Als verantwortliche/-r Mitarbeiter/-in der SPEDAIX GmbH, Aachen, sind Sie auch für Sammelguttransporte per Luftfracht nach Südwestafrika zuständig. Heute erhalten Sie den Auftrag, eine Luftfrachtsammelladung von Düsseldorf nach Windhoek, Namibia, abzuwickeln. Mit der Beförderung der Sendung wird die Lufthansa beauftragt. Die Sammelladung besteht aus 4 Einzelsendungen (zu je 1 Kollo).

Preisvereinbarungen zwischen der SPEDAIX GmbH und ihren Luftfrachtkunden (B-Kunden) basieren grundsätzlich auf dem (The) Air Cargo Tariff. Berechnen Sie mithilfe der nachfolgenden Preisliste (TACT-Auszug) und der weiter unten aufgeführten Tabelle die Erlöse, die die SPEDAIX GmbH für die Sendungen 1 bis 4 nach Windhoek von den Versendern erhält:

Düsseldorf **EURO**	**DE** **KGS**	**DUS** **EUR**
Windhoek	**NA**	
	M	96,00
	N	14,20
	45	10,20
	100	7,70
	300	5,85
	500	4,90

Vervollständigen Sie folgende (lückenhaft ausgefüllte) Tabelle:

Sendung Nr.	Gewicht in kg	Maße (L x B x H) in cm	Volumen-kg	Berechnungs-grundlage: Gewicht/ Volumen-kg	Rate €/kg	Gesamt-betrag in € (Erlöse)
1	640,750	180 x 90 x 75	202,500	641	4,90	3.140,90
2	7,040	50 x 44 x 32	....	....	....	....
3	13,710	170 x 55 x 52	....	....	....	....
4	1 220,000	220 x 140 x 105	....	....	....	....
Summe:	....					....

Mit der Lufthansa AG hat die SPEDAIX GmbH für ihre Sammelgutsendungen eine Gewichtsrate von **4,99 € pro kg (tatsächliches Gewicht)** vereinbart.

Ermitteln Sie das Rohergebnis, das die SPEDAIX GmbH aus den Frachterlösen erzielt.

9. Aufgabe – Abkürzungen und Fachbegriffe im Luftfrachtverkehr

Übersetzen Sie folgende Abkürzungen und erklären Sie kurz deren Bedeutung:

a) DGR
b) ULD und BUP
c) TACT
d) UTC
e) AMS (im US-Verkehr)
f) TRAXON
g) IATA CASS

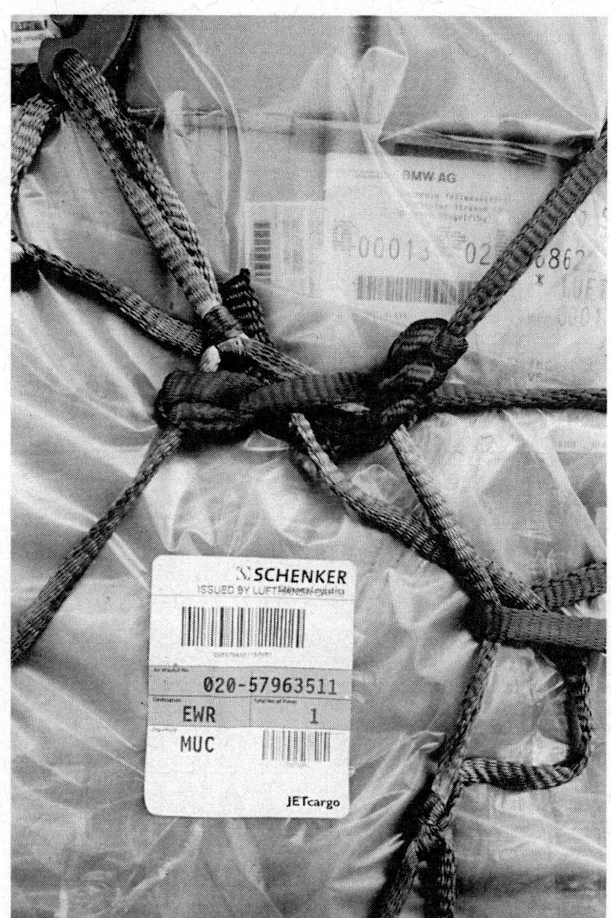

Quelle: Schenker AG

Lösungsteil

Notizen

Lösung zur 1. Aufgabe – Organisationen im internationalen Luftverkehr

a) Die **IATA (International Air Transport Association)** als Internationale Interessenvertretung der Luftverkehrsgesellschaften kümmert sich um primär kommerzielle Interessen ihrer Mitgliedsgesellschaften (carrier).

Sie hat ihren Sitz in Montreal (Kanada) und in Genf (Schweiz) und wurde 1945 in Havanna (Kuba) gegründet. Ihr Vorläufer, die „International Air Traffic Association" wurde 1919 von sechs europäischen Luftverkehrsunternehmen gegründet und 1942 wieder aufgelöst.

Die **ICAO (International Civil Aviation Organization)** ist die Internationale Zivilluftfahrtorganisation, die primär die politischen Interessen (gemäß dem „Chicagoer Abkommen" von 1944) ihrer Mitgliedsstaaten (UNO-Staaten) wahrnimmt.

Sie hat ihren Sitz in Montreal (Kanada) und wurde 1947 der UNO als Sondereinrichtung angegliedert.

b) Zweck der Konferenzgebiete (TC1 – TC3) ist, dass regional begrenzt tätige Carrier ihre Interessen in Konferenzen vertreten und somit auf die speziellen Gegebenheiten der unterschiedlichen Regionen (geschnitten nach der sog. IATA-Geografie) eingehen können.

Zur IATA-Geografie siehe die Abbildung auf der nächsten Seite.

c) Es werden 9 Verkehrsrechte (Freiheiten der Luft; eng. Freedoms of the Air) definiert, die zwischen den Staaten (bilateral oder multilateral) nach den ICAO-Empfehlungen vertraglich bereits ausgehandelt wurden bzw. weiterhin werden. Die ersten 5 Freiheiten der Luft wurden bereits 1944 im Rahmen des Chicagoer Abkommens in zwei Zusatzvereinbarungen, der Transit- und der Transportvereinbarung definiert. Später wurden sie um 4 weitere, nicht vertraglich festgelegte, Freiheiten ergänzt.

Freiheit Nr. ...	... betrifft das Recht der Luftverkehrsgesellschaft (Carriers), ...
1	den Vertragsstaat ohne Landung zu überfliegen.
2	zur nichtgewerblichen Zwischenlandung im Vertragsstaat (z. B. zur Treibstoffaufnahme, zur Reparatur oder zum Besatzungswechsel).
3	zahlende Ladung im Heimatstaat aufzunehmen und im Vertragsstaat abzusetzen.
4	zahlende Ladung im Vertragsstaat aufzunehmen, um sie in den Heimatstaat zu befördern.
5	zahlende Ladung zwischen zwei fremden Vertragsstaaten zu befördern, wobei der Flug Teil eines Verkehrsdienstes sein muss, der im Heimatstaat beginnen oder enden muss. Beispiel für eine Flugverbindung: Beförderung vom Heimstaat nach fremden Staat A, dort erneute Ladung von Fracht und dann Beförderung dieser, zum fremden Staat B.
6	zahlende Ladung zwischen zwei fremden Vertragsstaaten zu befördern, wobei eine Zwischenlandung im Heimatstaat erfolgen muss
7	zahlende Ladung zwischen zwei fremden Vertragsstaaten zu befördern, wobei das Heimatland nicht berührt werden muss.
8	zahlende Ladung innerhalb eines fremden Vertragsstaates zu befördern, wobei der Flug auf dem Weg von oder ins Heimatland erfolgen muss. Dies ist eine **(aufeinanderfolgende) Kabotage**.
9	zahlende Ladung innerhalb eines fremden Vertragsstaates zu befördern, wobei das Heimatland nicht berührt werden muss. Dies ist eine **(unabhängige) Kabotage**.

Lösung zur 1. Aufgabe – Organisationen im internationalen Luftverkehr

Wenn bei den Freiheiten 3 bis 9 von zahlender Ladung die Rede ist, sind damit immer Passagiere, Fracht und Post gemeint.

Anmerkungen zum Hintergrund:

Die erste und zweite Freiheit, die zusammen auch als sog. **„technische Freiheiten"** bezeichnet werden, sind ein Bestandteil der sog. **„Transitvereinbarung"** (International Air Services Transit Agreement, Chicago 1944). Sie wurde mittlerweile von mehr als 130 Staaten als mulitilaterales Abkommen unterzeichnet.

Die dritte, vierte und fünfte Freiheit, die zusammen auch als sog. **„kommerzielle oder gewerbliche Verkehrsrechte"** bezeichnet werden, basieren auf der sog. **Transportvereinbarung** (International Air Transport Agreement, Chicago 1944). Sie wurden bis jetzt nur von 11 Staaten (teilweise unter Vorbehalt) als multilaterales Abkommen unterzeichnet und werden heute durch überwiegend bilaterale Luftverkehrsabkommen ersetzt (z. T. mit Einschränkungen und/oder Erweiterungen, wie z. B. Kapazitätsaufteilung, Tarifgestaltung etc.). Die Bundesrepublik Deutschland hat über 140 solcher Abkommen gezeichnet. Die dritte und vierte Freiheit zusammen werden auch als sog. **Nachbarschaftsverkehr** bezeichnet.

Die **sechste, siebte, achte und neunte Freiheit** erweiterten später die weit vorher verabschiedeten ersten 5 Freiheiten der Luft. Sie wurden im Gegensatz zu den ersten fünf Freiheiten nicht vertraglich festgelegt. Sie werden de facto nur selten eingeräumt. Ein Gegenbeispiel hierzu ist allerdings die EU, dort werden alle 9 Freiheiten und somit auch die **Kabotage** bereits seit 1997 in allen Mitgliedsstaaten angewandt.

IATA – Karte

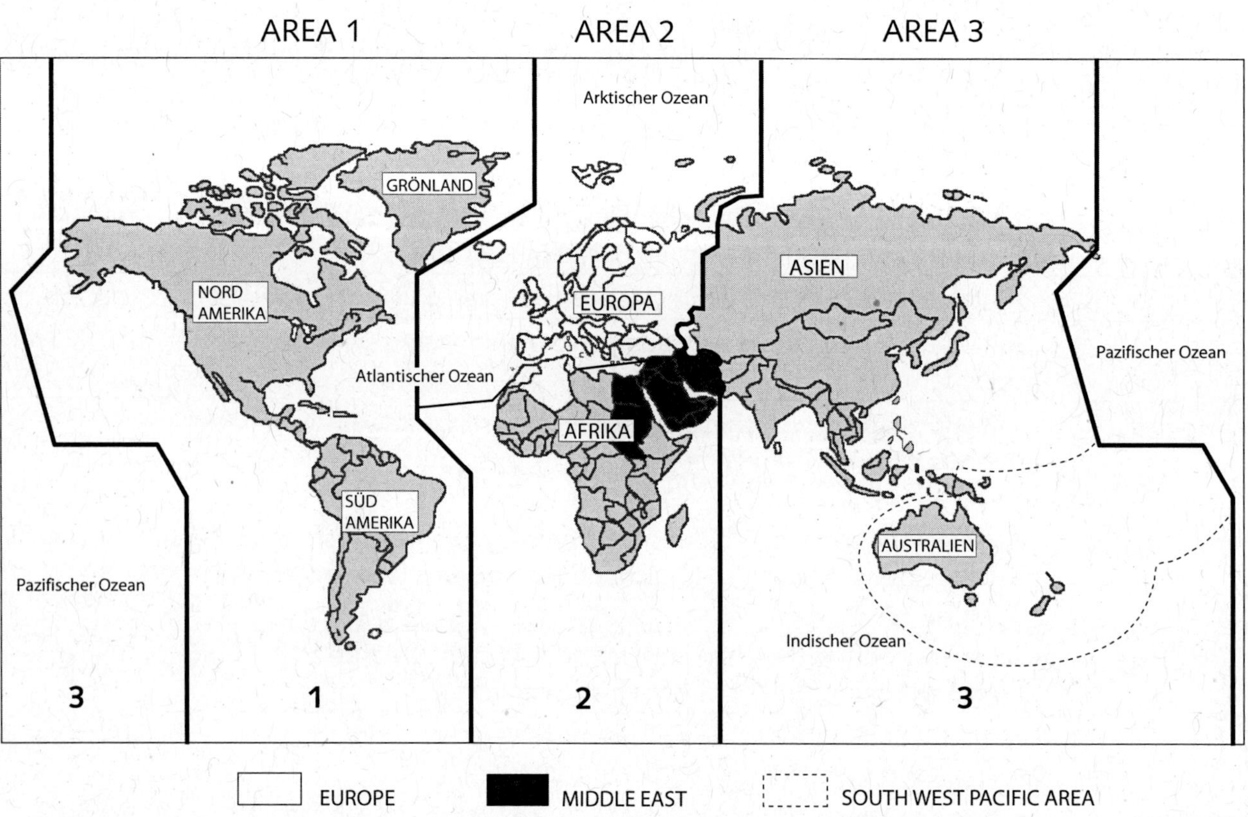

Lösung zur 2. Aufgabe – Traffic-Conferences

Konferenzgebiete		TC1	TC2			TC3
Flughafenstädte	Zugehörige Staaten		IATA-EUROPE	IATA-MIDDLE EAST	IATA-AFRICA	
Kairo	Ägypten	○	○	●	○	○
Teheran	Iran	○	○	●	○	○
Jakarta	Indonesien	○	○	○	○	●
Tokio	Japan	○	○	○	○	●
Dakar	Senegal	○	○	○	●	○
Auckland	Neuseeland	○	○	○	○	●
Anchorage	USA (Alaska)	●	○	○	○	○
Ankara	Türkei	○	●	○	○	○
Kiew	Ukraine	○	●	○	○	○
Melbourne	Australien	○	○	○	○	●

Lösung zur 3. Aufgabe – Luftfrachtbrief erstellen

Der auf der nächsten Seite abgebildete Luftfrachtbrief enthält die Angaben, die aufgrund der Aufgabenstellung einzutragen waren.

Erläuterungen:

LAX = IATA-3-Letter-Code für den Flughafen in Los Angeles

NVD = No Value Declared (Angaben fehlen bzw. wurden nicht deklariert.)

NIL = Ein Versicherungsbetrag wurde nicht angegeben (engl. nil = nichts, ableitbar von lat. NIHIL = nichts).

Bei der Frachtberechnung kann die C-Rate 4107 (HELICOPTER SPARES) für den Break-Point 300 (Frachtberechnungsmindestgewicht) zugrunde gelegt werden. Sie ist günstiger als die allgemeine Rate Q 300 (3,15 €). Die Sendung ist gemäß TACT nicht sperrig (siehe auch Erklärungen zur Aufgabe 3.04 a).

300 x 2,55 € = 765,00 €

Anlage zur 3. Aufgabe

Shipper's Name and Address
Metallbau GmbH
Griesheimer Ufer 707
D-65933 Frankfurt/Main

Shipper's account Number

Not negotiable
Air Waybill
Issued by
Deutsche Lufthansa AG

LUFTHANSA

Member of International Air Transport Association

Consignee's Name and Address
HELIX Inc.
77 Sunset-Street
Los Angeles, Calif., U.S.

Consignee's account Number

Copies 1, 2 and 3 of this Air Waybill are originals and have the same validity

It is agreed that the goods described herein are accepted in apparent good order and condition (except as noted) for carriage SUBJECT TO THE CONDITIONS OF CONTRACT ON THE REVERSE HEREOF. ALL GOODS MAY BE CARRIED BY ANY OTHER MEANS INCLUDING ROAD OR ANY OTHER CARRIER UNLESS SPECIFIC CONTRARY INSTRUCTIONS ARE GIVEN HEREON BY THE SHIPPER. AND SHIPPER AGREES THAT THE SHIPMENT MAY BE CARRIED VIA INTERMEDIATE STOPPING PLACES WHICH THE CARRIER DEEMS APPROPRIATE. THE SHIPPER'S ATTENTION IS DRAWN TO THE NOTICE CONCERNING CARRIER'S LIMITATION OF LIABILITY. Shipper may increase such limitation of liability by declaring a higher value for carriage and paying a supplement charge if required.

Issuing Carrier's Agent Name and City
E. RÖMER GmbH & Co.KG
Homolkaweg 39
D-65929 Frankfurt/Main

Accounting Information

Agent's IATA Code: 23-6 7833
Account No.:

Airport of Departure (Address of first Carrier) and requested Routing
Issuing Carrier's Agent Name and City
FRA

to	By first Carrier/ Routing and Destination	to	by	to	by	Currency	CHGS Code	WT/VAL PPD	WT/VAL Coll.	Other PPD	Other COLL	Declared Value for Carriage	Declared Value for Customs
LAX	LH					EUR		x				NVD	NVD

Airport of Destination	Requested Flight/Date		Amount of Insurance	Insurance - If Carrier offers insurance and such insurance is requested in accordance with conditions on reverse hereof, indicate amount to be insured in figures in box marked amount for insurance
Los Angeles			NIL	

Handling Information

No. of Pieces RCP	Gross Weight	kg lb.	Rate Class	Commodity Item No.	Chargeable Weight	Rate Charge	Total	Nature and Quantity of Goods (incl. Dimensions or Volume)
5	290	K	C	4107	300	2,55	765,00	HELICOPTER SPARES DIMS: 5/75 x 75 x 60 cm
5	290						765,00	

Prepaid	Weight Charge	Collect	Other Charges
765,00			
	Valuation Charge		Insurance premium
	Tax		
	Total other Charges Due Agent		
	Total other Charges Due Carrier		

Shipper certifies that the particulars on the face hereof are correct and that insofar as any part of the consignment contains dangerous goods, such part is properly described by name and is in proper condition for carriage by air according to the applicable Dangerous Goods Regulations.

J. Dillinger

E. RÖMER GmbH & Co.KG

Signature of Shipper or his Agent

Total prepaid	Total collect
765,00	
Currency Conversion Rates	cc charges in Dest. Currency

J. Dillinger
Frankfurt/Main

Executed on (Date) at (Place) Signature of Issuing Carrier or its Agent

For Carriers Use only at Destination	Charges at Destination	Total collect Charges

Lösung zur 4. Aufgabe – Abrechnung und Wertdeklaration

a) Ist das Volumen der Sendung größer als 6 dm^3 (Kubikdezimeter) je kg, werden nach dem Luftverkehrstarif (TACT) 6 dm^3 als 1 kg gerechnet (sog. Volumenkilogramm/Vol.kg) und somit bei der Frachtberechnung als frachtpflichtiges Gewicht (chargeable weight) zugrunde gelegt.

Da also die Mindestbedingung 1 kg = 6 dm^3 bzw. 6 000 cm^3 ist, kann mit folgender Berechnung geprüft werden, ob das Volumengewicht (volume weight) höher ist als das tatsächliche Gewicht (actual weight) der Sendung:

$$\frac{(40\text{ cm} \times 72\text{ cm} \times 60\text{ cm}) \times 10}{6\,000\text{ cm}^3} = 288{,}0\text{ Vol.kg (siehe auch Frachtbriefeintrag)}$$

Dieses Gewicht ist frachtpflichtig und damit abzurechnen.

Da lt. Eintrag im Frachtbrief (siehe Felder „Rate“ und „Chargeable Weight“) im Tarif eine Q-Rate (Quantity-rate) für ein Mindestgewicht von 300 kg vorgesehen ist, werden die 288,0 Vol.kg zu dieser Rate abgerechnet, wobei das Mindestabrechnungsgewicht von 300 kg zu beachten ist:

300 x 4,78 € = 1.434,00 €

Wichtiger Zusatzhinweis: Liegt das Abrechnungsgewicht zwischen zwei Ratenstufen (z. B. zwischen Q 200 und Q 300), wäre durch eine **Alternativrechnung** zu prüfen, welche der beiden Gewichtsstufe die **niedrigere Fracht** brächte.

b) Durch **die Eintragung einer Wertdeklaration** (siehe Feld „Declared Value for Carriage“) kann die Haftung des Carriers über die Maximalhaftung von 26 SZR je kg gemäß dem Montrealer Übereinkommen (MÜ) hinaus erhöht werden. Dies ergibt Sinn, wenn der Sendungswert höher ist als 26 SZR je kg des Sendungsgewichtes.

Die **Valuation Charge** (0,75 %) ist eine **Wertzuschlagsgebühr** auf den Differenzbetrag zwischen dem Wert der Sendung (Declared Value for Carriage) und dem Maximalhaftungsbetrag des Carriers nach dem Montrealer Übereinkommen (MÜ):

Im Gegensatz zur Frachtberechnung wird bei der Maximalhaftung das tatsächliche Gewicht zugrunde gelegt:

Wert der Sendung (Declared Value for Carriage):	29.500,00 €
Maximalhaftungsbetrag (190 kg x 26 SZR) x 1,20 €:	5.928,00 €
Deckungslücke:	23.572,00 €
Valuation Charge: 0,75 % von 23.572,00 € =	176,79 €

Lösung zur 5. Aufgabe – Vertragsarten und Inhalt des Luftfrachtbriefes

a) **Vertragsarten:**

- Speditionsvertrag: Hengsbach (Auftraggeber), FITTINGHOFF (Spediteur)
- Agenturvertrag: LUFTHANSA AG (Carrier), FITTINGHOFF (IATA-Agent)
- Frachtvertrag: Hengsbach (Shipper), LUFTHANSA AG (Carrier)

b) **NYC** ist der IATA-3-Letter-Code des New Yorker Flughafens (für Düsseldorf lautet der Code: DUS).

c) **NIL** (engl. nil = nichts; ableitbar aus lat. NIHIL = nichts) bedeutet, dass **keine Güterversicherung** eingedeckt wurde. Statt „NIL“ können auch drei Kreuze eingetragen werden: **XXX**.

Die Versicherung der Sendung ist nicht zu verwechseln mit der Wertdeklaration im Feld „Declared Value for Carriage“.

d) Die Kolli (Packstücke; Einzahl = das Kollo) sind von 1 bis 10 durchnummeriert (Mark: No. 1 – 10). Eine Handelsrechnung in dreifacher Ausfertigung (1 commercial invoice 3-fold) sowie eine Ausfuhrerklärung (1 AE) sind beigefügt.

e) **(A)** steht für **„due Agent“** und kennzeichnet die Gebühren, die dem IATA-Agenten (hier der Spedition FITTINGHOFF) zustehen. In unserem konkreten Fall sind das:

- die Gebühr für die Erstellung eines AWB (AWB-fee) und
- die Handlinggebühren (Handling-fee)

Lösung zur 6. Aufgabe – IATA-Agentur/IATA-Carrier

a) “ready for carriage”

b) Erforderliche Arbeitsschritte, um die Sendung als versandfertig anzusehen:

- Erstellen eines AWB für jede Sendung
- Tarifierung der Sendung
- Überprüfung aller Sendungsangaben (Gewicht, Maß, Warenbeschreibung usw.)
- Beschaffung aller Papiere und Dokumente (z. B. Handelsrechnung, Ausfuhranmeldung, Importlizenzen, Ursprungszeugnisse, Konsulatsfaktura)
- Prüfung der Tauglichkeit der Versandverpackung
- Entfernen alter Markierungen bei wiederholt eingesetzten Verpackungen
- Etikettieren aller Packstücke (Nr. des AWB, Zielflughafen, Transferpunkte, Gesamtzahl der zur Sendung gehörenden Packstücke usw.)
- Barcoding zur Sendungsverfolgung (Tracking and Tracing)
- Pünktliche Anlieferung der Sendung wie gebucht
- usw.

Lösung zur 7. Aufgabe – TACT und andere Luftfrachtraten

Teil I Luftfrachtraten

a) Die General Cargo Rates (GCR) sind Allgemeine Frachtraten, die i. d. R. unterteilt werden in:
   - eine Mindestfrachtrate (M) (Minimum Rate),
   - eine Normalrate (N) (Normal Rate), die für Sendungsgewichte unter 45 kg anzuwenden ist, und
   - Mengenrabattraten (Q-Raten), wie z. B. Q45 für Sendungen ab 45 kg, Q100 etc.

   Luftfrachtberechnung:

   Erster Schritt:
   Zuerst wird das frachtpflichtige Gewicht (chargeable weight) mit der gewichtsmäßig passenden angebotenen Q- oder N-Rate (z. B. chargeable weight: 80 kg = Q45-Rate) multipliziert.

   Ggf. zweiter Schritt:
   Nur, sofern auch eine nächsthöhere Q-Rate angeboten wird, muss dann auf Basis dieser, eine **alternative Luftfrachtberechnung** durchgeführt werden. Für unsere 80 kg frachtpflichtiges Gewicht (chargeable weight) ist dies der Fall, denn die nächsthöhere Q-Rate über der Q45-Rate ist die Q100-Rate.

   Die Q100-Rate wird dann mit ihrem Mindestberechnungsgewicht multipliziert.

   Die **Rate**, die bei der Luftfrachtberechnung letztendlich zum **niedrigsten Frachtpreis** führt, **muss** dann **angewandt werden**.

b) Die **Class Rates** sind **Warenklassenraten**, die nur für einige wenige bestimmte Warenarten (z. B. Zeitungen, Bücher etc.) auf vielen Strecken gelten, wo der Luftfrachttarif angewandt wird. Einschränkungen für Strecken, wo sie nicht gelten, können z. B. von und nach den USA, von und nach Australien etc. sein. Vereinfacht gesagt, sind es Zu- oder Abschläge (surcharges or reductions) zu den entsprechenden General Cargo Rates (GCR). Sie sind i. d. R. deutlich günstiger als die entsprechende General Cargo Rate.

c) Die **Specific Commodity Rates (SCR)**, auch **C-Raten** genannt (das C steht auch hier für Commodity, nicht für Class), sind Spezialraten, die nur für bestimmte Warenarten auf bestimmten Strecken gelten. Sie haben Vorrang vor den Class Rates und sind deutlich günstiger als die entsprechende General Cargo Rate (GCR) und i. d. R. auch deutlich günstiger als die (sofern vorhandene und vergleichbare) Class Rate. Somit sollte bei einer Class Rate auch immer geprüft werden, ob eine SCR für die ausgewählte Warenart und Strecke angeboten wird.

d) Die **ULD-Tarife** für die Unit Load Devices (Luftfrachtcontainer und -paletten) setzen sich aus zwei Ratenarten zusammen. Es ist ein sog. Pivot Weight (Mindestabrechnungsgewicht) für das bestimmte ULD festgelegt (z. B. 3 000 kg), welches dann mit der **Pivot Rate (/B)** abgerechnet wird. Übersteigt das Sendungsgewicht das Mindestgewicht (z. B. 3 200 kg), kommt für das das Mindestgewicht übersteigende Gewicht (im Beispiel 200 kg) eine **Over Pivot Rate (/C)** zur Anwendung.

   Die Maximalauslastung (Gewicht und Volumen) des ULD müssen bei der Over Pivot Rate natürlich ebenso beachtet werden.

   Anmerkungen zum TACT und den anderen Luftfrachtraten:
   Es gibt noch deutlich mehr Luftfrachtraten, die in der Praxis angewandt werden. Hier sind z. B. **Wertfrachtraten** oder **Kontraktraten** zu nennen. Letztere werden zwischen Absender oder (Luftfracht)Spediteur und Carrier vereinbart. Sie sind frei vereinbar und beinhalten neben einer Vertragslaufzeit oft eine Mindesttonnage. Des Weiteren sind **Haus-zu-Haus-, Express- und Pauschaltarife (lumpsum charges)**, unabhängig vom Gewicht pro Stück oder Ladeeinheit (LE) für einzelne Strecken und/oder Warenarten zu nennen.
   Das bekannteste Tarifwerk der Luftfracht, der TACT (The Air Cargo Tariff) der IATA stellt unverbindliche (Preis)Empfehlungen zur Anwendung durch die IATA-Carrier dar. Allerdings richten sich auch viele Nicht-IATA-Carrier mit ihren Raten - zumindest grob - nach diesen Empfehlungen. Daneben gibt es unzählige andere Luftfrachttarife von vorwiegend (aber nicht ausschließlich) Nicht-IATA-Carriern.

Lösung zur 7. Aufgabe – TACT und andere Luftfrachtraten

Teil II TACT

a) Nach dem TACT ergeben sich folgende Berechnungen:

aa) 3,2 kg ≈ 3,5 kg (Da auf volle halbe kg aufgerundet wird.)
3,5 kg x 16,56 € = 57,96 € (Das Minimum liegt aber bei 93,56 €.)

ab) Abrechnung zur Q 300-Rate: 445 kg x 7,11 € = 3.163,95 €
Abrechnung zur Q 500-Rate: 500 kg x 6,25 € = 3.125,00 €

Fazit: Die Abrechnung nach der Q 500-Rate ist günstiger (obwohl 55 kg „mehr" abgerechnet werden).

ac) Zur Bestimmung des optimalen Gewichtsgrenzpunktes multipliziert man die Frachtrate des nächsthöheren „Break-Points" mit dem Mindestgewicht (hier: 500 kg) und dividiert dieses Produkt durch die Frachtrate des darunterliegenden „Break-Points":

$$\frac{6{,}25\ € \times 500\ kg}{7{,}11\ €} = 439{,}52\ kg \approx \underline{\underline{440\ kg}}$$

ad) Da ein ULD 2Q-Container gewählt wird, ist zunächst das Mindestgewicht dieses Containers in Ansatz zu bringen (Der Buchstabe „/B" im Tarif steht für „First minimum charge – minimum weight"): Es liegt bei 3 000 kg. Hierfür berechnet der Carrier 16.543,00 € Mindestfracht. Da die Sammelgutsendung 3 990 kg wiegt, ist für die das Mindestgewicht übersteigenden (zusätzlichen) 990 kg die „First Over Pivot Rate per kg" (durch den Buchstaben „/C" im Tarifauszug kenntlich gemacht) zu berechnen. Sie beträgt 5,02 €.

Frachtberechnungsmindestgewicht: 3 000 kg	=	16.543,00 €
Over Pivot Weight: 990 kg x 5,02 €	=	4.969,80 €
Gesamtfracht:		21.512,80 €

b) Tag A, 21:50 Uhr Abflug in FRA + 18,5 Std. Flugzeit + 4 Std. Zwischenstopp in Bangkok (BKK) + 9 Std. Zeitunterschied (UTC Adelaide + 10 Std. minus UTC FRA + 1 Std.)

= Tag C, 5:20 Uhr Ortszeit Ankunft in Adelaide

Lösung zur 8. Aufgabe – Luftfracht-Sammelladung

Teil I

a) Der **House AWB** (HAWB; Hausluftfrachtbrief) dokumentiert den zwischen dem Spediteur und seinem Kunden (Auftraggeber, Versender) geschlossenen Speditionsvertrag über die jeweilige Einzelsendung. Im Verhältnis zu seinem Kunden wird der Spediteur für den Transporthauptlauf (airport/airport) zum **vertraglichen Frachtführer (contracting carrier)**. Er haftet entsprechend nach dem Montrealer Übereinkommen (MÜ).

Der Spediteur als **Consolidator** fasst die Einzelsendungen zu einer Sammelladung zusammen (= Konsolidierung, Consolidation) und dokumentiert dies in einem sog. **Master AWB** (MAWB; Hauptluftfrachtbrief). Dieser Luftfrachtbrief begründet das frachtvertragliche Verhältnis zwischen dem Consolidator und dem **ausführenden Frachtführer (actual carrier)**, also dem tatsächlich befördernden Carrier.

Für den Empfangsspediteur der Sammelladung wird ein **Cargo Manifest** (Ladeliste) erstellt, das Angaben enthält, wie die einzelnen Sendungen zu behandeln sind (Avisierung, Frankatur etc.). Es ist vergleichbar mit dem Bordero im Landfrachtgeschäft.

b) Vorbemerkung zur Frachtberechnung:

Die Badarmaturen werden Bestandteil der Gesamtabrechnung.
Bei der Einzelabrechnung wären 88 kg frachtpflichtig.

85 cm x 85 cm x 55 cm : 6000 = 66,23 Vol.-kg

Das tatsächliche Gewicht liegt höher; die Sendung ist nicht sperrig.

Berechnung der Pivot-Rate:
2 685 kg x 1,55 € = 4.161,75 € (Pivot Rate)

Berechnung der Over Pivot Rate:
3 110 kg – 2 685 kg = 425 kg Over Pivot Weight
425 kg Over Pivot Weight x 1,02 € = 433,50 € (Over Pivot Rate)

Berechnung der Gesamtfracht:
4.161,75 € (Pivot Rate)
\+ 433,50 € (Over Pivot Rate)
= 4.595,25 € Gesamtfracht

c) Der Spediteur haftet gemäß dem MÜ mit max. 26 SZR/kg der in Verlust geratenen Sendung:

88 kg x 26 SZR/kg = 2.288 SZR

2.288 SZR x 1,20 € = 2.745,60 €

(Deckungslücke: 17.650,00 € Warenwert – 2.745,60 € = 14.904,40 €)

Lösung zur 8. Aufgabe – Luftfracht-Sammelladung

Teil II

Erlöse der SPEDAIX GmbH aus den 4 Sendungen der Sammelladung:

Sen-dung Nr.	Gewicht in kg	Maße (L x B x H) in cm	Volumen-Kg (L x B x H in cm / 6 000)*	Berechnungs-grundlage: Gewicht/ Volumen-kg	Rate €/kg	Gesamt-betrag in € (Erlöse)
1	640,750	180 x 90 x 75	202,500	641	4,90	3.140,90
2	7,040	50 x 44 x 32	**11,730**	**12**	**14,20**	**170,40**
3	13,710	170 x 55 x 52	**81,033**	**81,5**	**7,70 100er-Rate ****	**770,00**
4	1 220,000	220 x 140 x 105	**539,000**	**1 220**	**4,90**	**5.978,00**
Summe:	**1 881,500**					**10.059,30**

* Abrechnung nach Volumengewicht, wenn dieses das tatsächliche Gewicht in kg überschreitet.

** Rate günstiger in der Abrechnung, dafür nimmt man die bis 100 kg fehlenden 18,5 kg in Kauf.

	Erlöse mit Versendern:	10.059,55 €
–	Kosten mit Lufthansa: 1 881,5 kg x 4,99 €/kg	9.388,69 €
=	Rohergebnis:	670,86 €

Das Rohergebnis aus der Sammelladung für Windhoek beträgt 670,86 €.

Lösung zur 9. Aufgabe – Abkürzungen und Fachbegriffe im Luftfrachtverkehr

Abkürzungen und ihre Bedeutung:

a) **DGR**: Die **D**angerous **G**oods **R**egulations der IATA enthalten die Vorschriften für den Transport gefährlicher Güter mit Flugzeugen. Dabei werden die besonderen Verhältnisse der Luftbeförderung (z. B. Druck, Temperatur, Turbulenzen, Beschleunigung etc.) berücksichtigt.

b) **ULD**: Der engl. Begriff ULD bedeutet **U**nit **L**oad **D**evice. Dies sind, von den Carriern gestellte, genormte und im Falle der ULD-Container an den Flugzeugtyp angepasste Ladeeinheiten (Luftfrachtcontainer und -paletten aus Aluminium und/oder Kunststoff), die zur Bündelung von Frachten (u. a., aber nicht ausschließlich, beim Luftfrachtsammelgut – der Consolidation) genutzt werden.

Der Frachtberechnung wird ein Grundbetrag, die sog. **Pivot Rate (/B)** für ein Mindestgewicht (das **Pivot Weight**) zugrunde gelegt. Jedes weitere kg des Sendungsgewichtes (das **Over Pivot Weight**) wird mit der **Over Pivot Rate (/C)** berechnet. I. d. R. wird als chargeable weight (frachtpflichtiges Gewicht) ausschließlich das actual weight (tatsächliche Gewicht) der Sendung, ohne das actual tare weight (ohne die tatsächliche Tara des verwendeten ULD) zur Luftfrachtberechnung herangezogen. Die ansonsten übliche Alternativberechnung des volume weight (Volumengewichtes) kann somit entfallen.

Eine weitere Form der Frachtbündelung zu Ladeeinheiten stellt das **B**ulk **U**nitization **P**rogramm (**BUP**) dar. Hierbei werden die Luftfrachtcontainer und -paletten schon von Seiten des Logistikdienstleisters oder (Luftfracht)Spediteurs gebaut und dann beim kooperierenden Carrier, z. B. der Lufthansa Cargo AG angeliefert. Der Einsatz von BUP-Luftfrachtcontainern und -paletten bedarf einer engen Kooperation mit dem Carrier (Zertifizierung, Vertrag, Einhalten der Normen, Schulungen etc.). Die Luftfrachtbeförderung wird dann zu sog. **BUP-Raten** (BUP Rates) abgerechnet, die günstiger sind als die lose Warenanlieferung beim Carrier.

c) **TACT**: **T**he **A**ir **C**argo **T**ariff enthält alle Angaben, die für die Ermittlung der Luftfracht als Beförderungsentgelt erforderlich sind. Die TACT Rules and Rates (Regeln und Raten) gibt es in verschiedenen Benutzerversionen, u. a. als:

- **TACT Online** ist ein browsergestützter Zugang zu den TACT rates & rules and schedules.
- **TACT CD** für einen Offline-Zugang zu den TACT rates & rules and schedules, nur in Kombination mit TACT Online erhältlich.
- **TACT Manuals** als gedruckte Version mit den TACT rates & rules and schedules, ebenfalls nur in Kombination mit TACT-Online erhältlich.

Lösung zur 9. Aufgabe – Abkürzungen und Fachbegriffe im Luftfrachtverkehr

d) **UTC**: Die **C**oordinated **U**niversal **T**ime (Koordinierte Weltzeit) ersetzt als Weltzeit die ältere Variante GMT (Greenwich Mean Time). Die Abkürzung geht auf einen Kompromiss aus der engl. Abkürzung CUT (Coordinated Universal Time) und der französischen Abkürzung TUC (Temps Universel Coordonné) hervor. Inoffiziell wird im engl. Sprachraum auch oft „Universal Time Coordinated" benutzt. In Deutschland beträgt diese Zeit UTC +1, d. h., wenn es also 13:00 Uhr UTC ist, dann ist es in Deutschland 14:00 Uhr. Während der Sommerzeit muss man zwei Std. zur UTC hinzuzählen.

e) **AMS (im US-Verkehr)**: **A**utomated **M**anifest **S**ystem. Dieses System bietet seinen Nutzern einen papierlosen und schnellen elektronischen Weg, Informationen zur Frachtverzollung für den Warenimport in die USA an den dortigen Zoll zu liefern. Der Zoll benötigt die im Master AWB einzutragenden Informationen (z. B. Beteiligte, Warenbeschreibung, Consol Manifeste und ULD Manifeste bei Sammelgutsendungen usw.) im Voraus, damit die Angaben überprüft werden können und noch ausreichend Zeit bleibt, um ggf. den Transport verdächtiger Sendungen zu stoppen.

f) **TRAXON**: Ist ein von der Firma Champ Cargosystems vertriebenes kommerzielles Kommunikationstool zum elektronischen Datenaustausch von AWB-Daten im Luftfrachtbereich. Die führenden, weltweit operierenden Carrier haben sich diesem System angeschlossen. TRAXON bietet u. a. Statusmeldungen, Reservierung und Buchung, eine Flugplanabfrage und die Möglichkeit von statistischen Auswertungen.

g) **IATA CASS**: Das **C**argo **A**ccounts **S**ettlement **S**ystem ist ein von der IATA entwickeltes zentrales standardisiertes elektronisches Fracht-Abrechnungssystem, dessen Aufgabe die Organisation und Durchführung der Abrechnungen von Luftfrachtsendungen zwischen Carriern, IATA-Agenten und (Luftfracht-) Spediteuren ist.